51310095R00053

Made in the USA
Middletown, DE
10 November 2017